AF459999

LE

GÉNÉRAL BEAUGEOIS

CHEF D'ÉTAT-MAJOR

DU 7^E CORPS D'ARMÉE

BESANÇON

IMPRIMERIE ET LITHOGRAPHIE DE PAUL JACQUIN

Grande-Rue, 14

1886

LE

GÉNÉRAL BEAUGEOIS

CHEF D'ÉTAT-MAJOR

DU 7[E] CORPS D'ARMÉE

BESANÇON

IMPRIMERIE ET LITHOGRAPHIE DE PAUL JACQUIN

Grande-Rue, 14

1886

LE GÉNÉRAL BEAUGEOIS

Le général Joseph-Marius Beaugeois naquit à Brignoles (Var) le 23 novembre 1825. Il appartenait par son père à une famille militaire. Son bisaïeul, Sébastien Beaugeois, avait commandé la brigade de Clermontais et occupé le poste de contrôleur des eaux et forêts de la même province. Son aïeul, Nicolas Beaugeois, commanda la gendarmerie et remplit les fonctions de secrétaire de la grande maîtrise des eaux et forêts de Vercennes (Meuse). L'épouse de cet aïeul, Marie-Madeleine Burnet, appartenait à une famille d'origine écossaise dont le chef, officier dans l'armée du roi Jacques II, avait, en serviteur fidèle et dévoué, suivi en France ce prince infortuné et s'était fixé en Lorraine. M. Beaugeois père suivit honorablement, lui aussi, la carrière des armes. Après avoir pris largement part aux guerres du premier empire, il était entré à son tour dans le corps de la gendarmerie. Chevalier de Saint-Louis et de la Légion d'honneur, il demandait, en 1834, comme capitaine-commandant, sa mise à la retraite, et se fixait à Longuyon, en Lorraine (1).

La mère du général, Madeleine-Laurence-Zélie Desroys,

(1) La famille Beaugeois a ses armoiries qui remontent aux chevaliers de Malte ou de Jérusalem (1541). Elles sont d'or à trois écussons de vair bordés de gueules.

appartenait à deux familles du Lyonnais qui comptaient plusieurs de leurs membres parmi les échevins de Lyon. Louis Desroys, son aïeul, avocat, et élu échevin en 1767, avait épousé la fille du docteur Pierre Merlin, médecin de l'hôpital de la Quarantaine, qui mourut victime de son dévouement en soignant les pestiférés (1). Le docteur Merlin avait lui-même épousé Madeleine-Catherine Richard, dont la famille était de la meilleure bourgeoisie de Lyon.

Le général Beaugeois trouvait donc dans la famille de son père et de sa mère une honorable parenté et des souvenirs dont il pouvait être fier. Il a su recueillir ce double héritage et y ajouter sa valeur personnelle, ses propres mérites.

De Brignoles, où Marius Beaugeois était né, le père avait été envoyé, quatre ans après, à Briey (Moselle), et un an après, en 1830, à Metz. C'est dans cette dernière ville, au petit séminaire, que le jeune Beaugeois commença ses études.

Encore enfant, et d'une nature ardente, il montra plus de zèle alors pour les exercices du corps que pour l'étude du grec et du latin. Mais l'heure d'un travail sérieux arriva en son temps.

En 1833, il suit sa famille à Etain (Aveyron), et nous le voyons au collège de cette ville, l'élève appliqué dont les études sont déjà couronnées de succès. Du collège d'Etain, toujours par suite de changements de résidence, il passe au collège de Dieuze (Meurthe), où, soutenu par les conseils d'un digne et dévoué principal, il se livra avec plus d'ardeur encore à l'étude des lettres et des sciences, et, en 1841, dans la classe de troisième, il remportait trois premiers prix, celui d'excellence en particulier. Du collège de Dieuze, il alla finir ses études à Paris, au collège Bourbon et dans la grande institution Bellaguet-Muron. Là, ses succès devinrent plus remarquables.

(1) Les armoiries des Desroys étaient d'azur à trois couronnes d'or et une étoile d'argent en abîme.

En 1844 et 1845, il obtenait deux premiers prix au collège Bourbon, deux autres à l'institution Bellaguet, et, tout en préparant ses examens pour Saint-Cyr, prenait part au concours général et obtenait l'honneur d'une nomination. En 1845, il était admis et entrait à l'école Saint-Cyr. Il y fut l'élève brillant. Il passe successivement élève d'élite, caporal, sergent, puis sergent-major, et sort de l'école avec le numéro 15, sur 291 élèves. Il est nommé, le 1er octobre 1847, sous-lieutenant au 57e de ligne; mais, sans prendre le temps de rejoindre son régiment, il se présente immédiatement aux examens pour l'école d'état-major, où il entre un des premiers, le 1er janvier 1848. Il fut à l'école d'application d'état-major ce qu'il avait été à l'école spéciale militaire, un élève hors ligne sous le rapport du travail, de la conduite et des succès. Pendant son séjour à l'école d'état-major eurent lieu les sanglantes journées de juin 1848. On le vit alors, à la tête d'une compagnie de la garde mobile, prendre à la répression de cette effrayante émeute une part active et remarquable qui le signale déjà à l'attention de ses chefs.

Le 1er janvier 1850, il sortait troisième de l'école et était nommé lieutenant dans ce corps d'état-major qui avait toujours été l'objet de ses aspirations, et qu'il sut constamment affectionner et défendre.

Il fut attaché, comme stagiaire d'abord, au 6e de ligne, puis, en 1852, au 7e dragons, et nommé enfin capitaine le 19 janvier 1853. Le 3 mai 1854, il fait partie de l'état-major de l'armée de Lyon ; le 10 octobre 1855, il devient aide de camp du général Labadie et prend part, en cette qualité, du 1er novembre 1855 au 13 mai 1856, à l'expédition d'Orient. Sur les champs de bataille de Crimée il retrouvait son jeune frère Victor, qui, parti comme sous-lieutenant au 6e de ligne avec les premières troupes envoyées en Orient, en revenait, à la fin de la campagne, capitaine et chevalier de la Légion d'honneur, après avoir pris héroïquement part à toutes les expéditions, à tous les combats. Ce même frère devait, quatorze ans plus tard, trouver la mort à Gravelotte, au moment où il était nommé lieutenant-colonel.

A son retour de Crimée, le capitaine d'état-major fut mis, le 7 juin 1856, à la disposition du gouverneur général de l'Algérie, et passa près de dix années en Afrique, dans la province de Constantine en particulier, occupé presque seul de toutes les études, de tous les travaux graphiques pour l'établissement de la carte de cette partie de notre colonie.

Cette période assez longue de sa vie se passa en quelque sorte dans le silence du désert, mais au milieu d'occupations qui plaisaient à son esprit sérieux et lui faisaient aimer la solitude. Du reste, si la mission spéciale qui lui était confiée avait pu lui commander des sacrifices, il en avait été parfois agréablement dédomagé. C'est ainsi que le 15 août 1860, il était l'objet d'une précieuse distinction par sa nomination de chevalier de la Légion d'honneur. Et cette même année lui réservait, avec sa croix de chevalier, les douces consolations d'une heureuse alliance contractée à Constantine, le 1er octobre, avec la jeune fille d'une honorable famille de Provence, Mlle Adélaïde Gueude, filleule du baron Martinau des Chesnez, qui fut pendant vingt-cinq ans la noble et digne compagne de sa vie, et qui partageait si bien ses pensées et ses sentiments.

Le long séjour du capitaine Beaugeois en Afrique et l'esprit d'observation qui présidait toujours à ses études le faisaient si bien apprécier de ses chefs, qu'en 1864, le général Desvaux, commandant la province de Constantine, le chargeait d'aller reconnaître le chemin que pourrait suivre une colonne expéditionnaire ayant pour objectif la ville de Kef, en Tunisie. Les notes qu'il fournit à la suite de cette mission ont beaucoup servi lors de l'organisation de l'expédition de 1881 et l'ont en quelque sorte préparée.

Rentré en France à la fin de 1865, le capitaine Beaugeois

fut, le 2 janvier 1866, attaché à l'état-major de la 2e division de la garde, nommé, le 1er août 1867, chef d'escadron, et, le 16 août de la même année, appelé à l'état-major de la 10e division militaire à Montpellier. Le 31 mai 1868, il passait à l'état-major de la 3e division d'infanterie du 2e corps de Châlons, et le 16 mars 1869, il était nommé aide de camp du commandant de la division de cavalerie de Lyon, M. le général Duhesme, son ancien colonel au 7e dragons.

Lors de la déclaration de guerre avec l'Allemagne, il suivit ce général, qui commandait le corps de cavalerie de l'armée du maréchal de Mac-Mahon. Il partait avec lui le 22 juillet, pour assister à la bataille de Reichshoffen. Il est très intéressant de suivre dès ce moment, à l'aide des lettres, des billets, des télégrammes qu'il envoie, les divers mouvements, les diverses opérations, auxquels il prend part, et de voir ses appréciations sur les graves événements dont il est témoin. Le 26, il écrivait de Strasbourg qu'il devait s'établir avec sa division à dix-sept kilomètres, dans un gros village où il avait déjà été en reconnaissance. Trois régiments de cavalerie de sa division étaient déjà sur l'extrême frontière. Il devait former réserve avec deux régiments de cuirassiers et un de lanciers. Il montre le corps d'armée qui s'organise, mais qui ne peut guère se mettre en mouvement, entrer en campagne, avant une quinzaine de jours, si toutefois les Prussiens ne prennent pas l'offensive. « Hier, » dit-il, trois officiers badois et six cavaliers d'escorte, qui » étaient venus en reconnaissance chez nous, ont été enlevés, » tués ou blessés. C'est le premier épisode de guerre certain » qui se soit passé en Alsace. » Le 1er août, il est campé à Brumath avec deux mille hommes, et le corps d'armée qui s'organise à Belfort. « Ce n'est pas suffisant, dit-il, pour empê- » cher un passage du Rhin. » Il écrit de Haguenau, le 4 août : « Nous attendons l'ordre de continuer notre pointe en avant. » Les divisions qui étaient en arrière sont passées devant nous. » Cela fait en tout une quarantaine de mille hommes d'excel-

» lentes troupes. Reste à savoir ce que nous aurons devant » nous, et si l'ennemi ne fera pas de tentatives le long du Rhin. » Le 7e corps, encore en formation, est tout ce qu'il y a pour » le recevoir. Nous-mêmes ne sommes pas parfaitement prêts, » puisque notre division n'a pas encore son artillerie. On s'est » beaucoup trop pressé. La division de Victor (son frère) a » donné. De notre côté, on commence à se fusiller aux avant- » postes, et les chasseurs du 11e ont déjà tué hommes et » chevaux à leurs adversaires. Leurs fusils sont excellents. » Le maréchal de Mac-Mahon va s'installer aujourd'hui à Ha- » guenau. Il est, dit-on, en ce moment à Wissembourg, où l'on » tire le canon. En somme, j'augurerais bien de ce qui se passe » ici si nous avions deux ou trois corps de plus derrière » nous. *C'est tout à fait indispensable.* »

Le 8 août, il écrit de Sarrebourg : « Notre corps a été engagé » avec l'ennemi. La rencontre a été extrêmement sanglante. » Deux généraux ont été tués, le général Colson et le général » Raoul, tous deux de l'état-major. Plusieurs sont blessés. » Les pertes sont tellement fortes que le corps est désorganisé. » Un grand nombre de régiments ont été presque anéantis. » Le brave 3e zouaves a laissé sur le champ de bataille cin- » quante-six officiers et quatorze cents hommes sur deux mille. » L'ennemi, de son côté, a énormément souffert, car nos » excellentes troupes ont fait payer cher leur défaite. Mais la » supériorité du nombre était si grande chez les Prussiens, » qu'ils ont pu combler les vides et nous tourner de tous les » côtés. Cette principale cause de notre désastre n'est pas la » seule, et tout ce que j'avais prévu et dont je ne cessais de pré- » venir s'est malheureusement réalisé de point en point. Notre » artillerie ne peut pas tenir devant la leur. Celle-ci envoie à » 4,000 mètres, avec une rare précision, des obus qui, en » touchant la terre, éclatent en lançant de tous côtés une gerbe » de balles. C'est l'obus que j'ai vu expérimenter au camp » de Châlons en 1868 et que l'on s'est empressé de ne pas

» accepter (1). Il en résulte un grand effet moral produit à » notre détriment et des effets matériels très meurtriers pour » nous. Je ne vois pas de moyens rapides de faire disparaître » cette infériorité *tout à fait décisive* à mon avis, et je vois » l'avenir tout en noir. Déjà les dépêches annoncent que le » corps du général Frossard est obligé de reculer presque aussi » désorganisé que nous. Je crains d'apprendre bientôt qu'il en » est de même du corps du général de Failly. Pour le moment » les Prussiens sont maîtres de toute l'Alsace et vont entamer » la Lorraine. C'est une situation navrante et pour laquelle les » remèdes sont bien difficiles. L'officier d'ordonnance du général » Duhesme, M. de Bissemond, a eu la main blessée par une » balle, et le cheval que montait le général a reçu une balle en » pleine poitrine. Le général ne pouvait s'arracher au spectacle » navrant qu'offrait le champ de bataille et que nous dominions » d'un petit mamelon. Sa santé laisse toujours beaucoup à » désirer. Nous sommes littéralement brisés depuis notre dé- » part de Brumath, le 4 août, à midi. Nous avons passé tous » les jours et trois nuits à cheval ou en marche. »

Le 10 août il est à Lunéville, continuant la retraite avec des hommes et des chevaux harassés de fatigue. « Nous tra- » versons, dit-il, des contrées pleines de patriotisme, où l'on » demande des armes et des munitions. Rien ne se fait. Le » bataillon de la mobile qui est ici n'est pas même armé. L'in- » capacité est en haut et en bas. On doit, dit-on, nous mener » au camp de Châlons pour reformer le corps d'armée ; mais » ne sera-ce pas trop tard ! On dit que l'armée se concentre » autour de Metz ; mais croit-on que les Prussiens ne se con- » centrent pas aussi ? Ils se présenteront avec la même supé- » riorité numérique qu'ils ont montrée jusqu'ici et qu'on a été

(1) Le commandant Beaugeois, étant à Montpellier, fut envoyé au camp de Châlons pour en suivre les travaux et les expériences. Il y passa quatre mois et vint ensuite reprendre son service à la division de Montpellier.

» assez aveugle pour ne pas prévoir. Bref, je crains qu'à ces » défaites isolées ne succède une défaite générale qui nous » laissera sans ressources. Pourquoi jouer le sort du pays sur » un coup de dés ? Ce n'est pas ainsi que j'aurais agi si j'avais » pu quelque chose ! Je suis navré de voir si bien les affaires » dans le gros et dans le menu, et d'être si impuissant ! »

Il écrit, le 12 août, que depuis douze jours ils sont en marche jour et nuit ; que depuis quatre jours ils ont à supporter les orages et les pluies, et qu'ils doivent reprendre le lendemain la direction du camp de Châlons pour y être réorganisés. C'est dans ces circonstances, le 16 août 1870, qu'il est nommé officier de la Légion d'honneur en récompense de ses services et de sa noble conduite. Sa division ne reste qu'un seul jour au camp de Châlons, elle en repart le 21 août pour aller s'établir entre Reims et Epernay ; le 23 août, elle se dispose à se mettre en route vers le nord-est. Le 26 août, il est à Attigny et annonce que le général Duhesme, à bout de forces, quitte son commandement et va se rendre à Paris. Le commandant Beaugeois aimait son général, qui fit toujours preuve de courage et de dévouement, malgré son mauvais état de santé. Il était déjà très souffrant lorsqu'il partait pour la guerre, et ses longues marches, à cheval et au pas, avaient si complètement achevé de le fatiguer et de le réduire, qu'il mourait peu de jours après son arrivée à Paris. Ce départ du général amenait un changement dans la position de son aide de camp. « Quand ce départ, dit-il, sera officiel, on me donnera » un autre emploi. Tout paraît arrangé avec le général Lebrun, » commandant le 12e corps, pour que j'aille à son état-major. » J'y ai beaucoup de camarades, et cela compensera le regret » que j'éprouve de quitter mon excellent général et le » 1er corps. » Puis il ajoute : « Je n'ai rien à dire sur les » mouvements qu'on nous fait faire et auxquels je ne com» prends pas grand'chose. J'espère que cela tournera bien. » C'est un bien problématique ! » Il écrit le 29 août, *du Chêne*

(Ardennes) : « Le temps est devenu mauvais, et la campagne » devient dure. Je suis resté hier à cheval ou sur mes jambes, » les pieds dans la boue et le corps exposé à une pluie battante, » depuis les trois heures du matin à dix heures du soir. » Il termine en disant : « Je suis encore à la cavalerie. »

On était arrivé à Sedan, où il ne tarde pas d'assister à la plus douloureuse de nos défaites. Mais s'il est alors du nombre des vaincus, il sait du moins, dans sa fierté militaire, ne pas rendre ses armes à l'Allemand vainqueur, et échapper et faire échapper avec lui à la captivité un corps nombreux de cavalerie. Il écrit de Rocroy, le 2 septembre : « Il y a eu hier sous les » murs de Sedan une grande bataille. Les Prussiens ont com- » plètement enveloppé l'armée. Au moment où le cercle de fer » allait se refermer, j'ai réussi à me jeter, avec quelques » régiments de cavalerie, dans les bois qui nous séparaient de » la Belgique. Après mille aventures de tout genre, nous » sommes parvenus à Rocroy. Je dois me diriger sur Saint- » Quentin. J'y retrouverai de fortes colonnes de cavalerie qui, » suivant mon conseil, auraient percé la gauche ennemie et » réussi à marcher sur Paris. Je me porte bien malgré toutes » sortes de fatigues. C'est le principal, et je suis prêt à recom- » mencer. »

Arrivé à Paris avec les colonnes de cavalerie, il se présente au général Trochu, qui le met à la disposition du général Carrey de Bellemare, commandant supérieur de Saint-Denis et des forts environnants, dont il devint le chef d'état-major, avec la mission d'organiser la défense restée remarquable de Saint-Denis et de toute cette partie de Paris. Le 10 septembre 1870, le général Carrey de Bellemare prenait le commandement supérieur de Saint-Denis et des forts de l'Est, de la Brèche et d'Aubervilliers, avec un effectif de neuf mille deux cent soixante-neuf hommes qui, le 15, s'élevait à dix-neuf mille trois cent cinquante-trois, et qui atteignit le chiffre de vingt-quatre et vingt-cinq mille hommes. Au milieu d'un corps de troupes aussi considérable, et en face de l'ennemi, si la tâche du général de Bellemare était lourde et difficile, celle du chef d'état-major n'en était que plus laborieuse, et pour y suffire, il fallait toute l'intelligence et l'activité du commandant Beaugeois.

Il écrivait de Saint-Denis, le 17 septembre : « Je suis toujours » ici en très bonne santé, mais suffisant à peine à toutes les » occupations qui nous accablent. L'ennemi est à quelques » kilomètres des places, et nos postes ont échangé des coups » de fusil avec lui. On est décidé à le recevoir. Je doute fort » qu'il parvienne à nous forcer. A mon avis, Paris est imprenable si on n'arrive pas à désorganiser ce qu'on a sous la » main. Dieu sait cependant dans quel état se trouve tout cela. » Mais si Paris n'est pas pris, il peut être affamé si le reste de » la France ne court pas sus aux Prussiens. Fait-on quelque » chose ? Nous n'en savons rien. »

Il écrit le 27 septembre : « Je continue à jouir d'une bonne » santé. J'ai un chef excellent et des aides bons enfants. Les » occupations sont si nombreuses que je ne saurais où donner » de la tête si je n'étais façonné de longue date à ce genre » d'affaires.... 25,000 hommes à nourrir, vêtir, loger, diriger, » commander, mener au feu, etc., c'est une lourde tâche, et » j'en ai ma large part. Avant-hier, une de nos reconnaissances » a eu une affaire assez vive, et nous avons perdu 150 hommes » tués ou blessés. J'ai pu constater *de visu* que notre monde » avait plus de fermeté que jusqu'ici ; il a été même assez » difficile de lui faire lâcher prise. »

Ce courage, qu'il aime à constater, le laisse avec la pensée qu'on pourrait, même au milieu des difficultés du moment, avoir raison de l'ennemi. Il répète, le 25 octobre, ce qu'il a dit peu de jours auparavant : « Il y a à Paris quatre cent mille » hommes en armes, ce qui suffirait pour balayer les Prussiens. » Mais où est le chef pour organiser, instruire, aguerrir tout » cela ?.... Nous sommes armés d'une façon formidable, et je » ne pense pas que les Prussiens viennent se frotter à nous.

» Alors il sera nécessaire d'aller à eux. Tout dépendra de la » manière dont on s'y prendra. Malgré tout, je suis plein » d'espoir. »

L'armée de Saint-Denis tenait, de son côté, l'ennemi en échec, engageant avec lui des combats assez sérieux, tels que ceux de Pierrefite et de la Malmaison, et sachant toujours se maintenir dans ses positions. Le commandant Beaugeois écrivait le 21 octobre : « Les Huns nous entourent depuis le » 19 septembre. Ils sont en train de terminer leurs lignes d'in- » vestissement et les armeront bientôt. Nous avons déjà eu » des affaires assez chaudes qui ont dû leur faire perdre du » monde. »

Il fallut plus de cinquante jours aux Prussiens, avec des travaux considérables et une supériorité numérique écrasante, pour s'emparer de la position du Bourget, et encore leur succès ne fut-il que l'effet d'une surprise.

La bataille et la prise du Bourget, le 30 octobre, amenèrent des modifications dans l'armée de Saint-Denis. Le général Berthaud remplaça le général de Bellemare, qui, le 10 novembre 1870, prenait le commandement de la 1re division du 3e corps de la 2e armée active. Son quartier général était à Courbevoie, et le commandant Beaugeois restait son chef d'état-major. La ligne de défense de la division partait de la Seine et se reliait aux postes du Mont-Valérien. Il fallut d'abord installer les troupes, puis assurer les travaux de défense. Le 19 novembre, la division était sous les armes et se disposait à un mouvement qui fut contremandé par ordre du général en chef. Le commandant Beaugeois écrivait à cette occasion : « L'affaire que » j'annonçais par ma dernière lettre a été remise. Elle va avoir » lieu incessamment. J'espère qu'elle aura de bons résultats. » Le 23, en effet, avaient lieu les opérations du plateau d'Avron ; le 30, les combats de Neuilly, de Villers-sur-Marne, et le 2 décembre, ceux de Champigny, de Brie-sur-Marne, etc. Il écrivait, le 6 décembre, de Nogent-sur-Marne : « Le télégramme

» par pigeon m'a été remis sur le champ de bataille à Brie-sur-» Marne. Nous nous y sommes battus deux jours, le 30 no-» vembre et le 2 décembre. Nous sommes rentrés nous » refaire. L'ennemi a énormément souffert, et rien n'était triste » comme l'aspect de ces plaines, de nos morts, noirs et rouges, » mêlés aux cadavres des chevaux. Un obus est tombé en plein » dans notre état-major, a tué un homme, blessé un officier, » tué deux chevaux et blessé deux autres chevaux. Grâce à » Dieu nous avons été préservés. Le temps est très froid. Ce » n'est pas gai pour nos pauvres hommes, quand il faudra » recommencer d'un autre côté, c'est-à-dire incessamment. » C'est dans ces circonstances que le commandant Beaugeois fut nommé lieutenant-colonel, par décret du 8 décembre, en même temps que le général de Bellemare était promu au grade de général de division.

Le 20 décembre, la division quittait Nogent pour s'installer à Merlan, près de Noisy-le-Sec et de Rosny. Le 21 a lieu la bataille de Drancy. Le 28 décembre, le nouveau lieutenant-colonel écrit de Noisy-le-Sec : « Voilà quelques jours que je » n'ai pas envoyé de mes nouvelles ; c'est que nous avons fait » des mouvements continuels et qu'il ne nous est pas toujours » commode de prendre la plume. Après les batailles du » 30 novembre et du 2 décembre, nous avons recommencé, il » y a quelques jours, sans plus grands résultats. Le temps est » actuellement très froid, douze et quatorze degrés au-dessous » de zéro. C'est très pénible pour la troupe obligée surtout de » passer la nuit dehors. Je traverse toutes ces épreuves jusqu'ici » très heureusement. Grâce à Dieu, ma santé est toujours très » bonne ; mon esprit est même en repos, bien que je ne puisse » m'habituer à tout ce que je vois. Il y a de si immenses res-» sources à Paris, pour si peu de résultats. Les Teutons ont » commencé hier de nous bombarder avec leurs pièces de gros » calibre, et leurs obus arrivent au seuil du village où nous » sommes cantonnés. Je ne vois pas trop ce qu'ils espèrent

» obtenir par là : brûler les munitions qu'ils ont apportées ici, et » c'est tout ! » Il ajoute : « Nous n'avons pas encore souffert » sous le rapport de la nourriture, mais le moment n'est pas » loin, je crois, où il faudra nous rationner réellement. On nous » dit que la province se lève en masse. J'en suis enchanté, et » je voudrais être là pour réchauffer les timides et faire passer » dans l'âme de tous le feu sacré qui me dévore. C'est le seul » moyen d'avoir raison de ces hordes d'envahisseurs affamés » et impudents. »

La division avait alors à se protéger plus particulièrement contre les feux de l'ennemi. Le 31, les forts de Rosny et de Noisy étaient bombardés, et, le 3 janvier, le village de Montreuil. Le 5 janvier, le groupe Reille était violemment attaqué et toutes les troupes disponibles de la division allaient à son secours. Le 7, une pluie d'obus tombait sur le village de Rosny et sur les travailleurs. En même temps les Prussiens n'épargnaient pas jour et nuit leurs obus sur Paris. Le lieutenant-colonel écrivait : « Les obus pleuvent sur la grande » ville sans faire grand mal. On court en chercher les éclats ; » et cette course est un amusement nouveau pour les Parisiens, » qui sont de vrais enfants. Qui donc saura en faire des hommes » et avec eux nous délivrer des Vandales qui nous entourent » en petit nombre ? »

Le bombardement de Paris et des forts ne cesse pas jusqu'au 26 janvier. Le 17, la division s'était rendue à Courbevoie pour se diriger ensuite sur la ferme la Fouilleuse et y prendre ses positions sur les ordres du général de Bellemare, nommé au commandement du corps d'armée du Centre. Le 19 avaient lieu les combats de Garches et de Buzenval. L'objectif était de s'emparer du plateau de Garches, du haras, etc., de s'y fortifier la nuit et de marcher sur Versailles, où l'ennemi n'aurait pu tenir si l'opération eût réussi. L'affaire fut chaude. Il y eut huit cents hommes de nos troupes hors de combat. Le 20 janvier, le corps d'armée commandé par le général de Bellemare dut rentrer dans ses cantonnements à Courbevoie et à Neuilly, et le 26, le général Vinoy, commandant en chef de l'armée de Paris, donnait l'ordre de cesser le feu sur toute la ligne. Le 27, à sept heures du matin, les généraux, les chefs de corps et de service étaient convoqués chez le général Vinoy, à propos de l'armistice. Le 28, les pourparlers continuaient à Versailles, et le même jour la convention d'armistice était signée. Le lieutenant-colonel Beaugeois fut tellement affecté de la capitulation de Paris, que pendant plusieurs semaines sa famille craignit de lui apprendre la mort de son frère Victor, tué à Gravelotte, et qu'il ignorait, ainsi que celle de sa mère, décédée à Longuyon, le 15 janvier 1871 (1).

Le 29, toutes les troupes de l'armée régulière rentraient dans Paris et les forts étaient remis entre les mains de l'ennemi. Le 17 février, la division Bellemare était dissoute par ordre du général Vinoy, et les troupes passaient sous les ordres du général commandant le deuxième secteur.

Le lieutenant-colonel Beaugeois écrivait de Paris le 21 février : « Je ne sais ce que nous deviendrons. La paix me pa-
» rait probable, quelles que soient les humiliations et les charges
» qu'elle doit entraîner. Mais le moyen de faire autrement ? La
» province est-elle capable de vouloir continuer la lutte ? Tout
» est là. Si oui, elle fera bien, et je chercherai un moyen de

(1) Le 15 février 1872, le général Thibaudin, alors colonel du 67e de ligne, écrivait au colonel Beaugeois, au sujet de son frère, les lignes suivantes :

« Le commandant Beaugeois, votre frère, était au régiment un officier supérieur d'un mérite que personne n'a pu apprécier plus que moi. Il était du petit nombre de ceux avec lesquels les chefs aiment à se lier par les liens de la plus étroite amitié ; aussi personne ne l'a-t-il plus regretté que moi. Aussi brillant devant l'ennemi que remarquable en temps de paix par la manière de servir et par les qualités de son esprit et de son cœur, mon brave et excellent ami allait obtenir enfin le prix des services qu'il venait de rendre d'une manière si éclatante à Saarbruck et à la bataille de Forbach, quand, le 16 août, il fut atteint mortellement à mes côtés. Blessé moi-même un instant après, et obligé de me préoccuper du régiment, qui avait à soutenir une lutte disproportionnée, je ne pus que donner à mon digne et brave

» m'échapper et d'aller recommencer. Je n'ai pas besoin de » dire que la défense de Paris a été conduite de la façon la » plus déplorable; que l'on a gaspillé les vivres et que l'on n'a » pas su se servir des forces armées que la capitale renfermait. » Enfin, le plus implacable génie paraît s'acharner contre notre » pauvre pays, et frapper de démence et d'imbécillité tous ceux » qui en ont la charge. »

Le jour même où cette lettre était écrite, M. Thiers discutait à Versailles les conditions de la paix, dont on signait le 25 les préliminaires, en même temps que l'on notifiait au général de Valdan la prochaine entrée de l'armée d'invasion dans Paris. Cette dernière nouvelle produisit une vive agitation dans des esprits déjà surexcités et faisait craindre, de la part d'hommes égarés, des manifestations compromettantes pour la paix et l'unique salut qui restaient à la France. Les Parisiens surent heureusement, au moment donné, se contenir et se montrer dignes. Les cafés, les théâtres, les magasins, tout fut fermé en signe de deuil, et les Allemands, entrés le 1er mars dans Paris, n'ayant trouvé que des visages de bronze, commencèrent à se replier dès le lendemain au soir.

Paris, débarrassé des Prussiens, reprenait aussitôt son état fiévreux. Il n'y avait plus rien pour modérer et contenir ces foules aveugles et égarées qui subissaient la parole et les en-

ami un regard et un adieu du fond du cœur, dans lequel se confondaient mes regrets, ma douleur et mon admiration. Un officier, dont je ne me rappelle pas le nom en ce moment, s'est approché de lui pour lui rendre ce dernier et suprême témoignage de l'estime et de l'affection profonde dont le commandant jouissait chez tous, officiers et soldats.

» Je suis heureux, mon cher colonel, de vous transmettre sur votre frère de belle mémoire ces sentiments qui sont ceux de tout l'ancien 67e, et si je vais à Versailles, comme j'en ai l'intention, je me ferai un devoir d'aller vous voir, en mémoire du brave commandant que je regrette comme le meilleur de mes amis, le plus brave et le plus digne des officiers que j'ai connus.

» Agréez, etc.

» *Signé :* Le colonel THIBAUDIN. »

traînements de ridicules et coupables tribuns. Il n'y avait plus ni lois ni armée pour les faire respecter ; le désordre régnait partout. La république était à Bordeaux ; une monarchie étrangère siégeait à Versailles, et Paris était abandonné à lui-même. Les émeutiers ont pu sans peine s'emparer de canons mal gardés, armer la Bastille, Belleville, munir et occuper trois forts du sud et faire de Montmartre une citadelle. Tout était prêt pour la Commune.

Le lieutenant-colonel Beaugeois était allé, au commencement de mars, passer quelques jours à Lyon, auprès de sa famille. Pendant son séjour, le 18 mars, éclate la Commune. Il part immédiatement pour se rendre à Versailles et se mettre à la disposition du gouvernement. Pendant quelques semaines il suit, attaché à la subdivision de Versailles, les opérations devant Paris et fait part à sa famille de ses observations : « Versailles, 3 avril 1871. — Les insurgés avaient passé la Seine, » s'étaient installés à Asnières et à Courbevoie, poussant jusqu'à » Rueil, sans plus s'occuper du Mont-Valérien et de sa garnison » que s'ils n'existaient pas. Moi, qui connais les lieux, je me » serais chargé de les enlever sans qu'il en échappât un seul. » Et le moyen était bien simple : c'était de s'emparer du pont » de Courbevoie, ce que les dispositions de terrain permet- » taient de faire sans que les insurgés s'en doutassent ou » pussent s'y opposer. Ils étaient tous pris comme dans une » souricière. Je ne sais pour quel motif on n'a pas tenté un » coup dont le succès à peu près infaillible eût eu un grand ef- » fet moral. On a préféré marcher à eux de front et leur en- » voyer du Mont-Valérien quelques obus. Au premier bruit, » sur quatre ou cinq mille qui étaient, dit-on, dans ces parages, » il en détale la presque totalité. Cinq à six cents seulement » restent, mais qui suivent prestement, à la première décharge, » la route de leurs frères et amis. On les accompagne avec des » obus jusqu'à la porte Maillot. Il va sans dire que ces mes- » sieurs essayèrent des moyens qu'ils avaient employés jus-

» qu'ici avec succès. Ils accueillirent nos soldats aux cris de :
» Vive la ligne! nous sommes vos frères! et pour le prouver
» mirent la crosse en l'air ; on leur répondit par une salve. Nos
» pertes sont de quelques hommes tués ou blessés, et d'un
» chirurgien-major, le docteur Pasquier, un homme distingué,
» dit-on, qui alla les mains dans les poches, et sans se douter de
» rien, se heurter à une barricade. Les misérables le tuèrent.
» Une trentaine d'entre eux tombaient entre nos mains, et
» l'on eut bien de la peine à les arracher à nos soldats. Ils
» furent conduits à Versailles, où la population les accueillit
» assez mal. Ils ont de tristes têtes, et leur mine a suffi
» pour montrer aux soldats quel genre d'adversaires ils
» avaient devant eux. Somme toute, on est content à tous les
» points de vue de cette petite leçon. Mais on est loin d'être
» prêt. Les divisions s'organisent, et l'on continue à tempori-
» ser un peu par système et beaucoup par nécessité. »

Le commandant Pigale ayant été tué rue Royale, à Paris, le lieutenant-colonel Beaugeois est nommé à sa place chef d'état-major à la division Grenier. Désormais il prend part à toutes les batailles des rues et de Belleville. Après la Commune, sa division garde le huitième arrondissement de Paris jusqu'à la fin de juin. A cette époque, la division Grenier, faisant partie du 1er corps d'armée, est envoyée à Versailles, où elle reste jusqu'au mois d'octobre 1872. Elle se rend à Paris pour tenir garnison pendant un an. A l'expiration de son année, il est question de la formation du 7e corps d'armée et du duc d'Aumale pour le commander. Le général Gresley est nommé chef d'état-major, et le lieutenant-colonel Beaugeois, sous-chef d'état-major. Le lieutenant-colonel Beaugeois se trouvait satisfait. Besançon devenait pour lui le poste de prédilection qui lui permettait de secouer un peu la tristesse produite en lui par les désastres de la patrie. Il était heureux de servir sous les ordres d'un prince dont il connaissait et appréciait les mérites éminents, les grands talents militaires et le dévouement profond à la France. Il se louait également d'avoir pour chef le général Gresley, qui avait appartenu à la division de Constantine en même temps que lui, et dont il comprenait toute la valeur. Au mois d'avril 1874, le général Gresley était remplacé par le général Forgemol, qu'il connaissait également depuis l'Afrique, et avec lequel il était resté uni par les liens d'une amitié qui devint encore plus intime. Le général Forgemol, justement réputé pour ses capacités et son ardeur au travail, trouvait dans son laborieux et intelligent sous-chef un auxiliaire digne de lui. Tous deux enfin étaient fiers du duc d'Aumale, qui, de son côté, en bon juge, les honorait de toute son estime et de son affection. Le lieutenant-colonel Beaugeois se sentait donc plein d'activité et de zèle. Aussi prend-il, dans ses nouvelles fonctions, la part la plus considérable à la réorganisation de nos frontières des Vosges, à l'installation du nouveau système de défense et aux travaux si importants de la mobilisation. Le 31 décembre 1875, il est nommé colonel, et le 8 janvier 1878, chef d'état-major du 7e corps, en remplacement du général Forgemol, appelé à commander la brigade de Versailles. Avec ses nouvelles fonctions, sa responsabilité devenait plus grande, son travail prenait plus d'importance, mais il était à la hauteur de sa position. Il se montra plus infatigable que jamais, et surtout il sut mettre à profit ses rapports avec le duc d'Aumale, rendus dès lors plus directs et journaliers.

Depuis plus de vingt ans, il avait les yeux tournés du côté de l'Allemagne. Il suivait avec attention toutes les améliorations que la Prusse faisait dans son système militaire et dans son armement. Il se préoccupait des progrès lents mais constants que cette puissance réalisait sous ce rapport, et regrettait l'inertie du gouvernement français à côté d'un voisin chaque jour plus redoutable (1). Son cœur de patriote et de Lorrain dé-

(1) Sous le titre : De l'influence des victoires prussiennes sur les armées européennes, il adressait à M. le général Lebrun, chef d'état-major de la

sirait ardemment le retour à la France des deux provinces perdues. Mais s'il souhaitait une revanche pour nos armes, il voulait qu'elle ne fût tentée que dans des conditions assurées de succès. C'est pour cela qu'il fit tout ce qu'il put pour la réorganisation de l'armée, et que, dans l'étendue du 7e corps, il travailla nuit et jour à la reconstitution de notre système de défense, qu'il eût voulu plus complet encore. Ses préoccupations au sujet de l'armée, et l'espoir qu'il gardait d'une prochaine et légitime revanche, le rendaient plein d'ardeur pour le travail considérable que nécessitait chaque année la préparation des grandes manœuvres. L'expérience qu'il avait acquise de la guerre lui en faisait aimer les essais, et c'est avec un intérêt très spécial qu'il suivait ces opérations militaires. Celles du mois de septembre 1878 lui firent particulièrement honneur. Le duc d'Aumale y était accompagné de son neveu, le comte de Paris, qui tint à prendre part aux manœuvres sous les ordres du colonel Beaugeois. Ce prince, avec son esprit supérieur, ne négligeait aucune des questions concernant le service auquel il était attaché et qu'il remplissait consciencieusement. Le colonel a gardé avec soin le travail fait par le prince sur ces manœuvres et entièrement écrit de sa main. Il ne gardait pas moins précieusement le souvenir des agréables et honorables relations qu'il avait eues avec lui ; et de son côté, le comte de Paris restait, à la suite de ces rapports, plein d'une affectueuse estime pour la personne du colonel,

garde impériale, la traduction de l'appendice allemand Büston sur la guerre de 1866. — En décembre 1867, il envoyait à M. le général et à M. le chef d'état-major du 4e corps une note sur la tactique de l'infanterie prussienne. — Il traduisait encore tout un autre travail sur la cavalerie prussienne. — En mars 1872, il adressait également une note à M. le chef d'état-major du 1er corps, sur l'organisation du corps d'état-major. — En 1862, il communiquait déjà à M. le chef d'état-major d'Afrique ses observations sur le service de l'état-major. — Le général Beaugeois laisse d'importants dossiers remplis d'études, de travaux, de rapports, de mémoires, qui tous sont rédigés avec soin et écrits de sa main, et dont l'énumération serait longue.

auquel il adressait en particulier, peu de mois après, la lettre suivante :

« Château d'Eu, 4 janvier 1879.

» Mon colonel,

» Je m'empresse de vous remercier de votre lettre du 31 décembre, relative aux démarches que je puis avoir à faire pour me conformer aux circulaires ministérielles, et particulièrement à celle du 20 septembre 1876. Je vous envoie ci-joint copie de la lettre de service qui m'attache temporairement, mais définitivement, au 7e corps. C'est le seul renseignement que je puisse vous donner à ce sujet.

» Puisque je dois faire une demande pour être maintenu, malgré mon âge avancé, dans les cadres de l'armée territoriale, je viens vous prier de vouloir bien me faire adresser un modèle de la formule que je dois employer en cette occasion. Je craindrais de ne pas faire les choses régulièrement, si la rédaction en était livrée à mon esprit, peu inventif en pareille matière.

» Je termine en vous offrant à mon tour tous mes vœux pour cette nouvelle année, et en vous remerciant de la bienveillance que vous m'avez témoignée cet automne, lorsque j'ai pris sous vos ordres un service pour lequel je me sentais bien imparfaitement préparé. Mais auparavant, je vous demande la permission de vous offrir la partie déjà publiée du grand travail militaire qui absorbe mes loisirs depuis plusieurs années. Je vous ai adressé les quatre premiers volumes de mon *Histoire de la guerre civile en Amérique*. Ce n'est encore que la moitié de l'œuvre que j'ai entreprise et qui m'offre un intérêt extrême, intérêt que peu de lecteurs partageront peut-être. Si vous jetez un coup d'œil sur les premiers chapitres, vous y verrez comment une grande nation a été sauvée du démembrement par un corps d'officiers élevés à l'école du devoir, imbus de l'esprit de discipline, fortement instruits ; une nouvelle preuve que les armées ne s'improvisent pas, surtout dans les sociétés démocratiques, et la démonstration de la faiblesse, de l'incapacité de ce que l'on a trop longtemps appelé les baïonnettes intelligentes.

» Je saisis cette occasion pour vous prier de me croire

» Votre très affectionné.

» LOUIS-PHILIPPE D'ORLÉANS. »

Ces relations princières devaient, cette même année 1879, se modifier péniblement pour le colonel Beaugeois. Le duc d'Aumale quittait le commandement du 7e corps pour faire partie, à Paris, d'un comité supérieur, et le général Wolf venait, au mois de mars, le remplacer à Besançon.

La position distinguée dont jouit le général Wolf parmi les généraux commandant des corps d'armée prouve qu'il était difficile de donner au duc d'Aumale un plus digne successeur. Le colonel fut pour le général Wolf ce qu'il avait été pour le duc d'Aumale, le chef d'état-major dévoué, s'acquittant de ses fonctions avec ce zèle parfait qui lui valut constamment l'estime et la confiance de son supérieur hiérarchique.

Après la suppression de l'ancien corps d'état-major, et par l'effet du tirage au sort qui eut lieu le 31 mars 1880, en exécution du décret du 23 mars, le colonel Beaugeois passa dans l'arme du génie, tout en restant chef d'état-major du 7e corps. Cette nouvelle mesure ne fit que modifier l'uniforme du colonel, sans rien changer à sa position. Sa tâche fut la même. Il dut seulement redoubler en quelque sorte d'activité, à raison des absences du général, que des intérêts majeurs appelaient et retenaient fréquemment à Paris. Le colonel avait plus que jamais sa grande part de responsabilité dans l'administration du 7e corps. Ses services passés et ceux plus considérables qu'il rendait alors lui valurent un honneur mérité depuis longtemps et dont le commandant du 7e corps fut le premier à se réjouir. Le 1er décembre 1883, le colonel Beaugeois était nommé général de brigade et maintenu dans ses fonctions. Il recevait, la même année, la croix de commandeur de l'ordre du Nicham.

Il montra, comme général, la même ardeur au travail que par le passé. Mais quelque bien doué que l'on soit sous le rapport de l'intelligence, de l'esprit, de la facilité à traiter les affaires, une vie trop sédentaire et une application constante finissent ordinairement par compromettre les santés les plus robustes, surtout lorsqu'à ces causes physiques se joignent, pour les natures délicates et sensibles, les pénibles préoccupations de l'amitié et des deuils douloureux : c'est ce qui eut lieu pour le général. Il se sentait déjà très accablé lorsqu'en automne 1885, le ministre le chargea d'un voyage confidentiel dans les Vosges, qui fut pour lui l'objet d'un travail spécial justement admiré au ministère de la guerre, mais qui ne contribua pas à fortifier sa santé. La fatigue continua et s'accentua de plus en plus, sans cependant que le général se plaignît et changeât rien à son genre de vie. Mais il ne tarda pas de se sentir à bout de forces, et le mal fit bientôt de si rapides progrès que les médecins perdirent tout espoir de guérison. Le général comprit sa position, et sans s'effrayer de la mort, qu'il avait si souvent bravée sur les champs de bataille, il se mit en mesure de lui faire un accueil courageux et chrétien. Fidèle à ses convictions religieuses, il demanda et reçut avec une foi et une piété édifiantes les sacrements de l'Eglise, supporta avec courage et patience ses vives et dernières souffrances, et, le 12 février 1886, s'endormit avec confiance dans la paix du Seigneur.

Sa mort fut un deuil pour sa famille, ses amis et ceux qui le connaissaient mieux. Tous regrettaient en lui l'homme supérieur et bon qui réunissait à un haut degré les dons de l'esprit et du cœur, les qualités intellectuelles et morales, tout ce qui constitue enfin une nature d'élite. Sévère dans ses principes, il ne transigeait jamais avec sa conscience, et puisait dans un sentiment parfait de l'équité et de la justice l'amour austère du devoir, qui ne fléchit ni devant les difficultés ni devant les sacrifices. Son caractère ferme et résolu s'alliait cependant si bien avec l'affabilité et la douceur des procédés, que la bonté seule semblait dominer chez lui. Naturellement généreux, comme toutes les grandes âmes, il savait s'oublier pour être utile aux autres. Il aimait à faire le bien et comptait à ce titre de nombreux obligés. Il avait même une clientèle de choix parmi les pauvres. Mais il faisait le bien simplement, sans ostentation. Il a visité pendant des années un vieillard, un pauvre des plus pauvres de son voisinage, lui portant régulièrement ses secours, sans que le vieillard assisté sût jamais ni le nom ni la position de son bienfaiteur. C'était une manière non commune de faire le bien. Le général était aussi modeste que bon. On ne l'entendait jamais parler de lui ni de ce qu'il avait pu faire d'important et d'honorable et qui eût été à sa louange. Et cette modestie n'avait rien d'affecté, elle était naturelle. La religion n'était pas étrangère à ces nobles qualités. Le général avait l'esprit trop élevé et l'âme trop grande pour se désintéresser de la question religieuse; aussi fut-elle l'objet constant de ses méditations et trouva toujours sa place parmi ses études et les travaux de son art.

Tous ces mérites, unis à une parfaite éducation, faisaient naturellement rechercher la société du général et lui procuraient les plus honorables relations. Il rencontrait de toutes parts l'accueil le plus sympathique, et les démonstrations de regret données à sa mort prouvent combien sa personne était agréable et appréciée. Le lundi 15 février eurent lieu, en l'église métropolitaine, les obsèques du général. Une foule nombreuse et recueillie, composée en grande partie d'officiers soit de la garnison de Besançon, soit de tout le 7e corps d'armée, faisait partie du funèbre cortège. Les honneurs étaient rendus par une demi-brigade placée sous le commandement de M. le général d'artillerie Demay, précédée d'un peloton d'escorte du général commandant le 7e corps et formée de détachements du 10e bataillon d'artillerie de forteresse, du 4e et du 5e d'artillerie, de la compagnie du génie, du 3e bataillon de chasseurs à pied, d'un bataillon du 60e de ligne, colonel et musique en tête, et de deux batteries attelées des 4e et 5e d'artillerie. La musique de l'école d'artillerie précédait le char funèbre. L'escorte d'honneur autour du cercueil était composée d'une section du génie, arme à laquelle le général avait appartenu. Les cordons du poêle étaient tenus par MM. le général Faure; Bonnaventure, sous-intendant; Weber, médecin inspecteur, et de Vanteaux, colonel, sous-chef de l'état-major général du 7e corps. De magnifiques couronnes de fleurs naturelles offertes par l'armée étaient portées autour du cercueil et ornèrent le catafalque. Derrière le char marchait, tenu en main, le cheval de bataille du général, harnaché, sellé et couvert d'un crêpe. Le deuil était conduit par M. le général de division Lamy, M. le général Forgemol de Bostquenard et la famille. L'éminent général, commandant actuellement le 11e corps d'armée, s'était empressé de venir rendre les derniers devoirs à son ancien collaborateur et ami. Suivaient les premières et principales autorités civiles, les notabilités de Besançon et un corps nombreux d'officiers. Après la messe, célébrée par M. l'archiprêtre curé de la métropole, l'absoute fut donnée par Mgr l'archevêque, dont on connaissait l'estime et l'affection pour le général.

Le service religieux terminé, le cortège, précédé des troupes, se dirigea, par la Grande-Rue et la rue Saint-Pierre, vers le cimetière, où, après les dernières prières, M. le général de division Lamy prit la parole et lut le discours que M. le général Wolf devait prononcer :

« Messieurs,

» Le général Wolf, notre éminent commandant en chef, retenu à Paris par ses hautes fonctions de président de la commission supérieure de classement, a eu le profond regret de ne pouvoir assister aux obsèques de son chef d'état-major.

» Il m'a chargé de lire sur cette tombe, si prématurément

ouverte, le suprême adieu qu'il adresse à son dévoué collaborateur, M. le général Beaugeois :

« MESSIEURS,

» Il y a deux mois à peine, je me rendais à Paris pour présider la commission supérieure de classement, sans aucune préoccupation de la longue absence que j'allais faire de mon commandement, du moment où je laissais derrière moi, plein de santé, mon chef d'état-major, le général Beaugeois, pour assurer, avec sa vigilance et son dévouement habituels, la préparation et l'expédition des affaires. J'étais loin de m'attendre à ce que quelques jours de maladie aboutiraient à un dénouement aussi cruel. J'espérais avoir la grande satisfaction de lui rapporter la récompense qu'il avait si longuement méritée, et me voilà en présence de son cercueil, ne pouvant plus que rendre un suprême hommage à sa mémoire.

» La mort du général Beaugeois est une véritable perte pour l'armée, où il était appelé à occuper un emploi élevé en cas de mobilisation, et un grand deuil pour le 7e corps, dont il était, depuis treize ans, le sous-chef, puis le chef d'état-major général.

» Peu de carrières ont été plus uniformément correctes que la sienne, plus uniformément vouées au travail. Le cadre varie, mais l'homme y reste constamment semblable à lui-même, du commencement à la fin, sérieux, austère, se livant peu à l'extérieur, tout entier au devoir, à la vie de famille.

» Dès l'école de Saint-Cyr, le général Beaugeois s'était montré une nature d'élite. Il eut le grand honneur d'être un des sergents-majors de sa promotion et d'être classé à sa sortie le n° 15 sur 250 élèves.

» Admis à l'école d'état-major, ses succès y furent plus brillants encore. Après deux années de laborieuses études, il en sortit avec le n° 3, avec des notes qui le désignaient comme un modèle de correction et un officier du plus grand avenir.

» Cependant la fortune, toujours si capricieuse dans les destinées de l'homme, ne lui a souri qu'à demi, et il eut plus de labeur en partage que de récompense.

» Après des stages fructueux dans l'infanterie et dans la cavalerie, où son expérience se développa rapidement, après avoir été attaché successivement à divers états-majors et après avoir rempli les délicates fonctions d'aide de camp, il obtint d'être envoyé en Algérie, dans le service topographique.

» Dans ces diverses positions, il se distingue incessamment par les plus brillantes qualités. Comme attaché d'état-major, c'est à lui que sont confiés les travaux les plus ardus, de longue haleine, qui exigent les connaissances les plus variées et une rédaction facile et lucide. Comme aide de camp, les généraux à la personne desquels il a été attaché se louent hautement de son dévouement, de sa belle intelligence, de son tact, de sa discrétion ; comme topographe, un bon juge, le général de Martimprey, disait de lui : « Je ne connais pas » en Algérie de topographe militaire plus distingué et plus » productif ; » avec tous ces titres à l'avancement, il ne fallut pas au général Beaugeois moins de vingt ans, dont quatorze dans le grade de capitaine, pour devenir officier supérieur.

» C'est dans ce grade qu'il prit part à la guerre contre l'Allemagne. Entré en campagne comme aide de camp du général Duhesme, il assista aux batailles de Frœschwiller et de Sedan, où, avec une partie de sa division, il fut assez heureux pour échapper à l'ennemi et pouvoir continuer la lutte.

» A ce moment, il fut nommé chef d'état-major de la division de Bellemare, et prit part, en cette qualité, aux combats de Pierrefite, du Bourget, et aux batailles de la Malmaison, de Villers-Champigny, du Rancy et de Buzenval. Au milieu de ces terribles épreuves, le général de Bellemare conçut pour lui la plus grande estime, appréciant au plus haut point son énergie, son jugement, sa perspicacité, la sûreté de ses relations, et réussit à obtenir pour lui le grade de lieutenant-colonel.

» Après la guerre, il ne tarda pas à être envoyé à Besançon comme sous-chef d'état-major du 7e corps, et il y fut nommé colonel chef d'état-major et général de brigade. Vous l'avez tous connu et apprécié dans ces hautes fonctions, dans lesquelles il n'a cessé de prêcher d'exemple et de prendre une large part à la régénération de notre armée. Je perds en lui un collaborateur des plus éclairés et des plus dévoués.

» Adieu, si regretté général ; recevez, au nom de tous vos compagnons d'armes, le témoignage de leur profonde douleur. Que les regrets si unanimes qui entourent votre cercueil soient une consolation pour votre si digne compagne. Dieu lui viendra en aide, comme il vous a soutenu dans vos derniers moments. »

Après ce discours, M. le colonel de Vanteaux, sous-chef d'état-major, demande la permission d'apporter à la mémoire du général Beaugeois le tribut des éloges des officiers de l'état-major, et d'adresser à leur chef les derniers adieux. Il le fit en termes émus. Il rappelle les brillants succès du débutant dans les écoles militaires, les témoignages de satisfaction décernés au jeune officier, auxquels succèdent les marques de haute appréciation lorsque le général parvient aux grades élevés. Il le montre conservant, durant toute sa vie, par son ardeur infatigable au travail, le premier rang parmi les officiers les plus distingués. Depuis treize ans qu'il était au 7e corps d'armée, il avait vu se reconstruire pièce à pièce l'édifice militaire. L'immense travail de la réorganisation lui avait passé, détail par détail, entre les mains. « Dans ce travail incessant, dit » M. le colonel, le général a sacrifié les forces de son corps aux » volontés de son âme, et sa mort prématurée laisse un vide » immense à l'état-major du 7e corps d'armée. » Il le montre avec son expérience consommée, avec la rapidité et la netteté de son jugement, traçant aux derniers officiers qu'il a guidés les méthodes les plus sûres pour envisager les questions, pour résoudre les difficultés avec clarté et décision. M. de Vanteaux aime à signaler son caractère ferme, résolu, qui commandait la confiance; sa vie droite, loyale, austère, qui imposait le respect et l'estime profonde, enfin, les qualités qui faisaient de lui l'homme essentiellement bon. « Avec quelle chaleur, dit-il, » il parlait, dans ses moments d'expansion, de ceux qu'il affec- » tionnait ! Combien ses sentiments étaient exquis quand il » était question de l'amitié, de la famille, de la patrie ! » Il compatit en terminant aux épreuves, à la douloureuse maladie, que Dieu lui a envoyées, et à ce qu'eut de cruel pour son cœur le spectacle du chagrin immense de la compagne de sa vie, le défendant avec l'énergie du désespoir contre la mort. Mais il se console par la pensée, qui était la conviction profonde du général, que tout n'est pas fini avec l'existence terrestre. La mort courageuse et chrétienne du général permettait bien à son sous-chef d'état-major de dire : « Nous nous reverrons là-haut, mon général, si nous-mêmes nous trouvons grâce devant Dieu. Déjà pour vous toutes les traverses, toutes les peines d'ici-bas, sont passées. Vous laisserez les souvenirs glorieux de votre vie militaire se mêler à votre félicité éternelle ! Jetez encore un coup d'œil sur les soldats qui, en ce moment, vous présentent les armes, sur les officiers qui vous saluent de leur épée !

» Adieu, mon général, adieu ! »

Eut lieu ensuite l'inhumation provisoire, en attendant que le corps pût être conduit en Lorraine, à Longuyon, où le général avait exprimé le désir d'être enterré auprès de son père et de sa mère.

Ces secondes obsèques furent célébrées à Longuyon, le 10 juin suivant, avec le concours de la population et toute la solennité possible. Les cordons du poêle étaient tenus par quatre compagnons d'enfance du général : MM. Comon, maire de Longuyon, vice-président du conseil général ; Wigette, capitaine en retraite ; Toussaint, propriétaire, et Gœury, commandant des pompiers. Le chant de l'office fut parfaitement exécuté par la remarquable chorale du pensionnat Saint-Joseph, et, avant l'absoute, M. Wagner, curé-doyen de Longuyon, entouré d'un nombreux clergé, a payé au général, au nom de la paroisse et de la population, et en son nom personnel, comme ancien condisciple, un juste tribut d'admiration, de sympathie et de regrets. Il sut mettre en relief cette brillante carrière militaire qui devait tout au mérite et rien à la faveur, et cette indépendance personnelle qui mit le soldat et le chrétien au-dessus de toutes les craintes serviles dont sont esclaves les petites âmes et les faibles caractères. Il a pu conclure en disant : « Comme le général Beaugeois, notre compatriote, sachons toujours rester fidèles à Dieu et dévoués à notre patrie. »

Le général repose maintenant au milieu des siens, sur une terre française, mais située à l'extrême limite de la frontière qui nous sépare de l'Allemagne. Puisse-t-il garder cette frontière et nous protéger contre toute nouvelle invasion de l'étranger !

BESANÇON. — IMP. DE PAUL JACQUIN.

www.ingramcontent.com/pod-product-compliance
Ingram Content Group UK Ltd.
Pitfield, Milton Keynes, MK11 3LW, UK
UKHW020515180726
13839UKWH00005B/2101

9 782329 556888